Illustration de couverture : Florence Langlois
Conception graphique : Équipage

Les contes réunis dans cet ouvrage ont été publiés dans le journal *Pomme d'Api*
Pomme d'Api : 3-5, rue Bayard, 75008 Paris

ISBN : 2-7470-1666-8
Dépôt légal : février 2005

Imprimé et relié en France par Aubin Imprimeur, Poitiers (86).
Loi 49956 du 16 juillet 1949 sur les publications destinées à la jeunesse.

LES MEILLEURS CONTES DE POMME D'API

Tome 1

Les meilleurs contes de Pomme d'Api
BAYARD JEUNESSE / POMME D'API

ÉMILE ET L'EXTRA-TERRESTRE

Écrit par Valérie Groussard et illustré par Rosy

En revenant de l'école,
Émile ramasse un disque sur le trottoir.
A la maison, il le pose dans sa chambre et il l'oublie.
La nuit suivante, une voix le réveille. Elle répète :
– Émile, ramène-moi sur mon terrain de décollage.
Émile entrouvre les yeux et il voit un drôle de personnage bleu qui brille dans l'obscurité.
Il n'est pas plus grand que la main d'Émile.
Il porte une antenne sur la tête.
Émile lui demande : – Qui es-tu ?
Le personnage répond :
– Je m'appelle Zitili et je suis un extra-terrestre.

15

Émile est plutôt content de cette visite. Il dit :
– C'est gentil de venir me voir,
mais tu devrais repasser dans la journée.
Maintenant, j'ai trop sommeil !
Zitili se fâche : – Impossible,
sous la lumière, je suis invisible.
Il court vers l'interrupteur, il allume la lampe et il disparaît.
Émile appelle : – Éteins, Zitili, et reviens.
Zitili éteint et il réapparaît.
Il roule son antenne sur son doigt et il dit :
– Tout à l'heure, je dormais tranquillement dans ma soucoupe.
Tu l'as ramassée et tu l'as apportée ici.
Maintenant je dois m'en aller.
Ramène-moi là où tu m'as trouvé, c'est le terrain de décollage.
Émile secoue la tête :
– Je n'ai jamais ramassé de soucoupe !
Zitili insiste :
– Mais si ! Tu as cru ramasser un disque,
mais c'était ma soucoupe.
Regarde, je peux devenir fin et plat
comme une feuille de papier
et me faufiler dans le disque.
Zitili reprend sa forme normale et il dit :
– Je dois partir dans une heure, ramène-moi.
Émile est désolé :
– Je suis trop petit pour sortir la nuit.
On va demander ça à mes parents.
Zitili suit Émile en sautillant.
Émile allume la lumière et il secoue sa maman :
– J'ai ramassé un disque dans la rue,
c'est la soucoupe de Zitili, un extra-terrestre.
Il faut la rapporter sur le trottoir.
La maman ne voit pas Zitili à cause de la lumière. Elle dit :
– Mon chéri, tu as rêvé, retourne vite te coucher.
Elle ferme les yeux et elle se rendort.

Alors, Émile va voir son papa :
– Papa, il y a un extra-terrestre dans ma chambre.
Il s'appelle Zitili et il veut repartir.
Le papa se lève, il grogne un peu.
Il reconduit Émile dans sa chambre
en allumant toutes les lumières et il le met dans son lit.
Puis il regarde dans le placard d'Émile,
derrière ses rideaux et sous le lit.
Évidemment, il ne voit pas Zitili puisqu'il a tout allumé. Il dit :
– Tu vois, j'ai bien regardé partout, tu as sûrement rêvé ;
il n'y a rien. Dors tranquille maintenant.
Émile essaie de lui expliquer : – On ne voit Zitili que dans le noir...
Mais le papa est déjà parti.

Dans le noir, Émile retrouve Zitili :
– Tu ne peux vraiment pas attendre demain ?
Je te poserai sur ton terrain de décollage en allant à l'école.
Zitili répond : – Non, non, impossible !
Puis, tout à coup, Zitili montre la fenêtre. Il s'écrie :
– Regarde, voilà mes amis !
Dix petites soucoupes brillantes arrivent.
Elles entrent dans la chambre
et dix personnages, comme Zitili, en sortent.
Zitili dit à Émile :
– Je vais m'en aller.
Émile demande :
– Tu viendras me voir ?
Zitili répond :
– Bien sûr, mais garde toujours cette bague
pour que je puisse te retrouver.
Elle est invisible dans la lumière.
Émile regarde ses nouveaux amis
se glisser dans leurs soucoupes.
Il leur dit au revoir avec la main.
Les soucoupes disparaissent.
Le lendemain matin, la maman dit :
– Tu as fait un drôle de rêve, cette nuit !
Émile répond :
– Mais non, ce n'était pas un rêve...
Et il regarde sa main où brille une bague invisible.

MER

LE GRAPALOUP

Écrit par Christine Desmoulin et illustré par Claude et Denise Millet

Aujourd'hui, papa est de mauvaise humeur, il est assis sur le canapé et il n'arrête pas de maugréer :
– Chloé, range tes jouets ! Si je trouve encore des poupées par terre, je les jette à la poubelle.
– Ludovic, arrête de faire du bruit !
A table, papa continue : – Chloé, tiens-toi bien !

– Ludovic, mange proprement !
Et même maman se fait attraper,
parce qu'elle a encore fait des pâtes.
Un peu plus tard, papa ronchonne encore.
Il a perdu son carnet vert. Il fouille partout dans la maison.
Il est sûr que quelqu'un le lui a pris.
Cette fois, Chloé et Ludovic en ont assez. Ils disent :
– Tu sais, papa, si tu continues,
le Grapaloup va venir te chercher !
Aussitôt, papa se tient tranquille. Il se force même à sourire.
Il s'écrie : – Oh non, pas le Grapaloup !
Il a très peur du Grapaloup, papa. Il sait très bien
que c'est un monstre redoutable. Un monstre
qui prend tous les papas chaque fois qu'ils grondent leurs enfants
quand les enfants ne font pas de bêtises.
En général, le Grapaloup met ces papas-là à la poubelle.
Et lorsqu'ils reviennent, ils sont dans un état incroyable !
Ils sont sales comme des chiffonniers.
Leurs habits sont tachés et déchirés,
et ils sentent affreusement mauvais. Parfois, dans leurs cheveux,
il reste même des épluchures de pommes de terre
ou de vieux boulons tout rouillés.
C'est pour ça que papa a si peur du Grapaloup !

Seulement voilà, quand les papas sont de mauvaise humeur,
au bout d'un moment, ils oublient même le Grapaloup.
Et c'est comme ça avec papa. Le soir même, il rouspète encore.
Chloé et Ludovic regardent la télévision. Papa ordonne :
– Allez, au lit maintenant !
Chloé proteste : – Mais papa, demain c'est dimanche.
Papa ne veut rien entendre. Il dit d'un ton sévère :
– Pas la peine de discuter, j'ai dit AU LIT.
Ludovic menace : – Le Grapaloup va t'emporter, tu vas voir !
Mais cette fois papa ne rit pas.
Le lendemain matin, Chloé et Ludovic cherchent papa partout.
Il n'est pas dans la chambre, il n'est pas dans la cuisine,
il n'est pas dans le salon. Papa a disparu.
Les enfants pensent tous les deux à la même chose :
– Et si c'était le Grapaloup ?
A midi, on frappe à la porte. C'est papa, mais dans quel état !
Son blue-jean est plein de taches, sa chemise sent mauvais,
ses chaussures sont crasseuses, un vieux rétroviseur cassé
dépasse de sa poche. On dirait vraiment un papa
sorti tout droit de la poubelle du Grapaloup !

Papa fonce vers la salle de bains.
Il se prépare un gigantesque bain moussant.
On l'entend patauger longtemps, longtemps.
Et lorsqu'il ressort enfin, on dirait un papa tout neuf.
Il sent bon et il est d'excellente humeur.
Et en plus, ce dimanche-là, la voiture démarre au quart de tour.
Ça faisait une semaine qu'elle ne marchait plus !
En partant en promenade, Chloé murmure
à l'oreille de Ludovic :
– Moi qui croyais
que le Grapaloup,
c'était juste un truc
pour faire peur
aux papas !

PETIT-TROUN

Écrit par Marie-Hélène Delval et illustré par Gitte Spee

Petit-Troun a un gros souci aujourd'hui.
C'est l'anniversaire de grand-papa troun
et Petit-Troun n'a pas de cadeau.
Il réfléchit, il réfléchit. Il ne trouve pas d'idée.
Petit-Troun est si triste qu'il a presque envie d'éternuer.
Chez les trouns, quand on a du chagrin, on éternue,
c'est comme ça.
Petit-Troun se dit :
– Je vais demander à mes amis. Ils auront peut-être une idée.

Petit-Troun va d'abord voir son ami le Ronfleron :
– Ronfleron, réveille-toi ! Aide-moi à trouver une idée pour faire un cadeau à grand-papa troun !
Le Ronfleron ouvre un œil et il dit :
– Arrête de me secouer comme ça ! Tiens, Petit-Troun, prends une de mes plumes.
C'est très joli, une plume de Ronfleron.
Ton grand-papa troun sera content.

Le Ronfleron se remet en boule et il se rendort.
Petit-Troun s'en va avec la plume. Il pense :
– Il est gentil, le Ronfleron. Mais une plume, ce n'est pas un assez beau cadeau pour grand-papa troun !
Petit-Troun sent bien qu'il a encore un peu envie d'éternuer.
Alors il se dit : – Je vais demander à mes autres amis.

Petit-Troun va voir la Grande Gargonne. Il dit :
– S'il te plaît, Grande Gargonne, aide-moi à trouver une idée pour faire un cadeau à grand-papa troun !
Mais la Grande Gargonne est très occupée. Elle dit :
– Je n'ai pas que ça à faire ! Tiens, Petit-Troun, prends ce beau morceau de coquille. Je n'en ai plus besoin, mes petits gargonneaux sont sortis de l'œuf ce matin. C'est très joli, une coquille d'œuf de gargonneau. Ton grand-papa troun sera content.
Petit-Troun n'ose pas refuser.
Il s'en va avec la coquille d'œuf. Mais il a bien envie d'éternuer. Une coquille d'œuf de gargonneau, ce n'est pas un assez beau cadeau pour grand-papa troun !
Petit-Troun se dit : – Je sais, je vais demander aux ouiouis !
Les ouiouis sont en train de s'amuser à se balancer aux lianes de la forêt. Petit-Troun appelle :
– Ohé, les ouiouis ! Aidez-moi à trouver une idée pour faire un cadeau à grand-papa troun !
Mais les ouiouis font les fous. Ils entendent à peine ce que dit Petit-Troun. Ils lui lancent une liane fleurie en criant :
– Tiens, Petit-Troun, c'est très joli, une liane fleurie. Ton grand-papa troun sera content.

Cette fois, Petit-Troun a une grosse envie d'éternuer.
Mais, tout d'un coup, il a une idée.
S'il attache la plume du Ronfleron
sur la coquille d'œuf de gargonneau
avec la liane fleurie des ouiouis, qu'est-ce que ça fait ?
Ça fait un chapeau ! Et un chapeau,
c'est un très joli cadeau pour grand-papa troun !
L'anniversaire de grand-papa troun est très réussi.
Au dessert, Petit-Troun lui offre son cadeau.
Grand-papa troun s'écrie :
– Oh ! J'avais justement très envie
d'un chapeau comme celui-ci !
Grand-papa troun embrasse très fort son petit troun
et il éternue même un petit coup, oh, rien qu'un tout petit coup,
tellement il est content !

LE PRINCE BOBO

Écrit par Jean-Jacques Vacher et illustré par Lionel Koechlin

Dans un pays, très loin d'ici, vivait un prince nommé Boris.
Tout le monde l'appelait le prince Bobo.
Le prince ne sortait jamais de son palais,
car il passait toute la journée devant la télé.
Il adorait les dessins animés, les feuilletons, les variétés,
les films et les publicités.
Dans ce pays, il y avait cinquante chaînes de télévision.
Le prince Bobo possédait cinquante télévisions.
Il pouvait ainsi regarder toutes les chaînes en même temps.
Le roi et la reine se faisaient beaucoup de souci pour leur fils :
à force de regarder la télé le prince Bobo avait les yeux rouges
et comme il dévorait des gâteaux en même temps,
le prince Bobo devenait gros et rond comme un ballon.
Cependant, le prince Bobo grandissait.
Il arrivait à l'âge de se marier. Un jour, le roi dit à la reine :
– Il faut que notre fils visite d'autres royaumes
et qu'il s'arrête de regarder la télé. J'ai une idée !
Ce soir, toutes les télés du palais vont s'éteindre.

Le soir venu, le roi grimpe sur le toit du palais.
Il arrache l'antenne de télévision.
Aussitôt dans le grand salon royal,
les cinquante télévisions deviennent toutes noires.
Le prince Bobo hurle :
– Oh non ! Une panne juste avant les publicités !
Fou de rage, il sort du palais en criant :
– Je trouverai bien une télé qui marche dans ce royaume !

Le prince traverse les champs et les bois,
mais, comme il sort pour la première fois de son palais,
il se perd dans la campagne.
Il marche pendant trois jours et trois nuits.
Enfin, à la sortie d'une forêt,
il rencontre une bergère avec ses moutons. Il déclare :
– Bonsoir, je suis le prince Bobo, je suis perdu
et mes télés sont cassées. Pourrais-tu m'indiquer une maison
avec une télé qui fonctionne ?
La bergère répond :
– Je ne connais qu'une maison par ici, c'est la mienne,
mais je n'ai pas la télé.
Le prince Bobo est désespéré. En plus, il est fatigué.
Alors, il s'assoit près de la bergère.

La bergère observe le ciel,
elle dit : – Regarde, Bobo,
voilà l'étoile du Berger !
Elle montre au prince
les étoiles filantes. Elle lui raconte
d'où viennent les nuages,
d'où vient la pluie, où va le vent...
Le prince écoute la bergère,
il regarde la lune et les étoiles,
les nuages qui avancent dans le ciel.
Il murmure : – Bergère,
si tu voulais venir dans mon palais,
je ferais réparer toutes les télés,
je te montrerais des dessins animés.
Dans mes télés tu verrais même
des vaisseaux spatiaux et des planètes que tu ne connais pas.
Mais la bergère ne répond pas.
Elle tire le prince par la main en disant :
– Viens, je te ramène chez toi, tes parents vont s'inquiéter.
Lorsque le prince et la bergère arrivent au palais,
le roi et la reine pleurent de joie. Le roi dit :
– Bergère, puisque tu as retrouvé mon fils, tu peux l'épouser.
La bergère regarde Bobo et elle déclare :
– Oh non, je ne veux pas me marier
avec un prince gros comme un ballon !
Bobo, je t'épouserai peut-être lorsque tu auras maigri.
Maintenant, le prince Bobo fait du sport,
il court pour plaire à la bergère. Et il observe le ciel avec elle.
Il lui montre aussi comment marchent ses télés
et ensemble, de temps en temps,
ils regardent des dessins animés.

PETIT-TOBIE

Écrit par Marie-Hélène Delval et illustré par Susan Varley

Petit-Tobie faisait toujours pipi au lit.
Tous les matins, sa maman disait :
– Petit-Tobie, mon lapinet, ton lit est encore tout mouillé !
Sa maman enlevait les draps, elle les lavait,
elle les mettait à sécher. Et Petit-Tobie se demandait :
– Que faire, mais que faire pour ne plus faire pipi au lit ?
Un matin, pendant que sa maman met encore une fois
les draps et le pyjama à sécher dans le jardin,
Petit-Tobie s'en va sans bruit. Il s'en va voir Vieux-Grigou,
le lutin de la Forêt d'à Côté. On dit qu'il est très savant.
Il pourra sûrement aider Petit-Tobie.
En chemin, Petit-Tobie rencontre Marnie, la petite hulotte.
Il dit : – Bonjour Marnie, que fais-tu par ici ?

Marnie répond : – Je vais voir Vieux-Grigou,
dans la Forêt d'à Côté.
Petit-Tobie s'écrie :
– Ça alors, moi aussi !
Et que veux-tu demander
à Vieux-Grigou ?
Marnie baisse le nez.
Elle murmure :
– Si je te le dis, tu ne te moqueras pas de moi ?
Petit-Tobie répond : – Mais non, mais non.
Alors Marnie dit tout bas : – Voilà, je fais toujours pipi au lit.
Je voudrais bien être guérie.
Petit-Tobie s'écrie : – Ça alors, Marnie, moi aussi !
Un peu plus loin, ils rencontrent Musi,
le petit renard de la prairie. Ils disent :
– Bonjour, Musi. Que fais-tu par ici ?
Musi répond :
– Je vais voir Vieux-Grigou,
dans la Forêt d'à Côté.
Marnie et Petit-Tobie s'écrient :
– Ça alors, nous aussi !
Et que veux-tu demander
à Vieux-Grigou ?
Musi baisse le nez. Il murmure :
– Si je vous le dis,
vous ne vous moquerez pas de moi ?
Marnie et Petit-Tobie répondent :
– Mais non, mais non.

Alors Musi dit tout bas :
– Voilà, je fais toujours pipi au lit. Je voudrais bien être guéri.
Marnie et Petit-Tobie s'écrient : – Ça alors, nous aussi !
Dans la Forêt d'à Côté, Vieux Grigou les écoute sans rire.
Puis il dit : – Restez un peu ici.
Rouge-Gorge ira prévenir vos parents
pour qu'ils ne soient pas inquiets.

Vieux-Grigou prépare trois petits lits pour Musi, Marnie et Petit-Tobie. Et quand c'est l'heure de se coucher, il dit :
– Peut-être bien que la nuit, vous avez très très soif.
Alors, vous rêvez de ruisseau, de robinet.
Vous rêvez d'eau qui coule. Et vous faites pipi au lit.
Ce soir, pour ne pas avoir soif,
vous boirez tous les trois un grand bol d'eau parfumée.
Le lendemain matin, Marnie se lève d'un bond en criant :
– Je n'ai pas fait pipi au lit ! Merci, Vieux-Grigou, je suis guérie !
Et elle est si contente qu'elle s'en va aussitôt en courant.
Mais Musi et Petit-Tobie ont tous les deux fait pipi au lit.
Le soir, Vieux-Grigou dit :
– Vous deux, vous êtes sûrement trop nerveux.
Vous avez peur de faire pipi au lit, si peur que c'est ce qui arrive.
Prenez ces deux petites pilules de dulcinium et de pimprenelle et tout ira bien, vous verrez.
Le lendemain matin, Musi se lève d'un bond en criant :
– Je n'ai pas fait pipi au lit ! Merci, Vieux-Grigou, je suis guéri !
Et il est si content qu'il s'en va aussitôt en courant.
Petit-Tobie a bien envie de pleurer.
Lui, il a encore fait pipi au lit. Mais Vieux-Grigou lui dit :
– Ne sois pas triste, Petit-Tobie. Je vais te faire un cadeau.
Et il lui donne une minuscule plante dans un pot. Il dit :
– Emporte-la chez toi. Arrose-la, soigne-la. Elle poussera.
Et quand elle sera assez grande, elle fleurira.
Et toi, Petit-Tobie, ce jour-là, toi aussi tu seras assez grand.
Et tu ne feras plus pipi au lit.
Petit-Tobie s'en retourne chez lui
avec la plante de Vieux-Grigou. Il la soignera, il l'arrosera.
Et un jour, elle fleurira. Et ce jour-là,
Petit-Tobie ne fera plus pipi au lit. C'est Vieux-Grigou qui l'a dit !

LA MAMAN LIONNE

Écrit par Catherine de Lasa et illustré par Tony Ross

La maman de Perrine a l'air d'être tout à fait comme les autres mamans. Elle emmène ses enfants à l'école. Elle leur fait des câlins quand ils tombent. Elle prépare de gros gâteaux pour leur anniversaire. Mais quelquefois, elle se transforme en lionne. Ça se passe en général vers la fin de la journée, quand il arrive beaucoup de choses à la fois. Par exemple, la plus petite sœur a jeté le linge repassé dans la baignoire et les chaussures dans les cabinets. Ensuite, la moyenne sœur, qui est enrhumée, sort de son bain et elle commence à sauter toute nue et toute mouillée dans le salon.

Le petit frère fait pipi dans sa culotte,
le téléphone sonne, la soupe brûle,
le grand frère met la sono à fond.
Et ça y est, la maman devient une lionne !
Ses yeux se remplissent d'éclairs,
ses cheveux sont comme une crinière.
Elle pousse d'épouvantables rugissements
mélangés à quelques mots de maman :
– En ai marre ! Veux plus vous voir !
Dans ces cas-là, il vaut mieux filer,
sinon on peut recevoir de terribles coups de patte.
Si on se trouve là par hasard,
on peut réciter très vite une petite formule magique :
– J'obéis, j'obéis tout de suite !
La plus petite sœur doit être un peu fée.
Quand elle dit de sa petite voix : « Yo-bi-i, yo-bi-i, yo-bi-i ! »
ça fait éclater de rire la lionne
qui redevient aussitôt une maman.

Mais quelquefois, ça ne suffit pas.
L'autre soir, il y avait une inondation de nouilles
au milieu de la cuisine.
Le moyen frère est arrivé à cheval sur l'aspirateur en criant :
– Pin pon, pin pon !
Personne n'a eu le temps de le prévenir
et il a reçu une énorme fessée de lionne à son lionceau.
Il s'est mis à rugir lui aussi. On se serait cru dans la jungle.

Papa rentre souvent de son travail à ce moment-là
et c'est lui qui a la meilleure recette.
Il fait couler un bain pour la lionne
et il verse dedans une poudre verte qui fait beaucoup de mousse.
Puis il change la culotte du petit frère,
il sèche et il habille la moyenne sœur,
il retire les chaussures des cabinets, il baisse la sono,
il balaye les nouilles et il prépare la soupe.
Pendant ce temps-là, la lionne trempe dans l'eau chaude et,
au bout d'une demi-heure, elle redevient toujours une maman,
tout à fait normale, qui appelle ses enfants « mes petits crapauds »
et qui leur apprend à faire des galipettes.

La maman de Perrine
n'est sûrement pas
la seule maman comme ça.
L'autre jour,
à la sortie de l'école,
la maman de Pierrette et Juliette a dit :
– Vous allez me faire devenir chèvre !
Pendant ce temps-là,
la maman de Romain et Sylvain disait :
– Vous me faites tourner en bourrique !
Et la maman de Sidonie et Magali disait :
– Vous commencez à me faire braire !
Alors Perrine s'est dit que si toutes les mamans
s'étaient transformées vraiment en chèvres ou en ânes,
sa maman à elle serait peut-être devenue une lionne.
Elle aurait ouvert son énorme gueule et, en une seconde,
il n'y aurait plus eu personne sur le trottoir !

POME-POUCE

Écrit par Clothilde Bernos et illustré par Nick Butterworth

Il était une fois une petite fille qui s'appelait Pome.
Elle aimait jouer au ballon, à saute-mouton,
à croquer des bonbons. Mais ce qu'elle aimait surtout,
c'était sucer son pouce, si doux, si doux...
On avait fini par l'appeler Pome-Pouce.
Quand Pome pleurait, son pouce était là pour la consoler,
et ses larmes séchaient. Quand Pome était en colère,
son pouce était encore là pour la calmer, et ses cris s'arrêtaient.
Quand Pome faisait un cauchemar,
son pouce était toujours là pour la rassurer,
et le cauchemar s'envolait.
Mais un jour, sa maman lui dit : – Pome-Pouce, tu es grande.
Tu ne dois plus sucer ton pouce ; tu ressembles à un bébé.
Et son papa lui dit :
– Pome-Pouce, tu es grande. Tu ne dois plus sucer ton pouce,
tout le monde va se moquer de toi.

Alors Pome court très loin, sous un arbre, au fond du jardin.
Elle pleure longtemps, longtemps
et ses yeux se ferment doucement.
Quand Pome-Pouce ouvre les yeux,
elle est seule dans une forêt,
seule, devant une grande porte dorée.
La porte est entrouverte et Pome a très envie de savoir
ce qui se cache derrière. D'une main, elle veut ouvrir,
mais la porte résiste. Alors elle sort son pouce de sa bouche
pour pousser avec ses deux mains.
La porte s'ouvre lentement et Pome entre dans la maison.
De grosses gouttes tièdes et salées tombent sur sa tête
et sur son nez : c'est la chambre des larmes.

Au fond, il y a une autre porte.
Pome traverse la pièce en courant,
car elle est toute mouillée.
La seconde porte s'ouvre. Pome entre dans une immense pièce,
pleine de cris et de hurlements : c'est la chambre des colères.
Au fond, il y a une autre porte. Pome traverse la pièce
en se bouchant les oreilles, car cela fait un bruit terrible.
La troisième porte s'ouvre. Pome pousse un cri :
c'est une salle plus grande encore,
pleine de monstres grimaçants, avec des plumes, des poils
et des griffes partout : c'est la chambre des cauchemars.
Ça fait tellement peur
que Pome remet vite son pouce dans sa bouche.

Alors une quatrième porte s'ouvre et Pome ouvre les yeux.
Elle se retrouve au pied de l'arbre, tout au fond du jardin,
sous un ciel plein d'étoiles.
Son papa et sa maman sont penchés sur elle. La maman dit :
– Ma petite Pome, que fais-tu là, sous cet arbre ?
Nous te cherchions partout !
Et le papa dit : – Ma petite Pome, que fais-tu là, dans la nuit ?
Nous avons eu bien peur !
Alors la maman et le papa prennent Pome
dans leurs quatre bras. Ils la portent dans la maison,
là où il fait bon. Ils la posent dans le grand fauteuil
avec une couverture et une bouillotte,
un grand bol de lait au miel, de la tarte aux pommes tiède
et des milliers de baisers.
La maman dit doucement :
– Pome, tu seras grande plus tard.
Alors Pome-Pouce ferme les yeux et elle se met à sucer
son pouce, si doux, si doux...

TAUPINET CHERCHE UNE NOUVELLE MAMAN

Écrit par Odile Hellmann-Hurpoil et illustré par Susan Varley

Taupinet en a assez d'entendre maman Taupe
répéter à longueur de journée :
– Taupinet, range ta chambre !
Taupinet, mange pendant que c'est chaud !
Taupinet, mets ton bonnet, il fait froid !
Ou bien encore :
– Taupinet, va te laver les mains !
Taupinet, dis bonjour à madame Finette !
Taupinet, prends ton sirop, tu tousses !
Et Taupinet, fais ceci, et Taupinet, ne fais pas cela !
Taupinet soupire : – J'ai la maman la plus embêtante du monde !
Ce soir-là, la maman de Taupinet menace
de lui donner une fessée
s'il recommence à mettre de la purée
dans la pipe de grand-papa Taupin.
Taupinet en a vraiment assez.
Il roule son pyjama sous son bras et il décide :
– Je vais chercher une autre maman.
La mienne est vraiment trop méchante !

Taupinet va frapper chez les Dulapin :
– Toc, toc, toc ! Bonjour, madame Dulapin.
Voulez-vous être ma nouvelle maman ?
Madame Dulapin répond :
– Tu sais, j'ai déjà dix-huit enfants, dix filles et huit garçons.
Mais entre toujours dîner avec nous.
Les enfants Dulapin se serrent un peu
pour faire une place à Taupinet.
Ils en profitent pour chahuter.
Tina pince Vera qui se met à hurler.
Jeannot renverse son verre et Lapinou tire la langue à Taupinet.
Madame Dulapin se fâche :
– Tina, tu seras privée de dessert.
Et toi, Vera, cesse de hurler !
Jeannot, va chercher une éponge.
Lapinou, c'est vilain de tirer la langue.
Puis madame Dulapin continue :
– Lapinet, dépêche-toi de manger.
Pinpin, tiens-toi bien.
Isa, on ne mange pas avec ses doigts !
Taupinet se dit : « On croirait entendre maman Taupe. »
Quand le dîner est fini, maman Dulapin s'écrie :
– Allons, les enfants, c'est l'heure d'aller au lit.
Les petits lapins implorent :
– S'il te plaît, maman, laisse-nous jouer encore un peu !
Rien que cinq minutes !
Mais maman Dulapin répond :
– Non, et non ! Allez tous faire pipi.
N'oubliez pas de vous laver les dents.
Et puis mettez vos pyjamas.
Je vais préparer un lit pour Taupinet.
Les petits lapins ronchonnent un peu.
Jeannot dit tout bas à Taupinet :
– Oh la la la ! Qu'est-ce que c'est embêtant,
quelquefois, les mamans !

Mais les petits lapins filent tous bien vite
dans la salle de bains. Au bout d'un petit moment,
ils ressortent en se bousculant :
– Maman, maman, on vient te dire bonsoir !
Et ils s'accrochent à sa jupe et ils se pendent à son cou.
Maman Dulapin leur fait des chatouilles,
elle leur fait des baisers partout,
sur la pointe des oreilles et sur le bout du nez.
Taupinet sent des larmes lui piquer les yeux. Il pense :
« Je veux revoir ma maman. »
Taupinet prend son pyjama sous son bras et il s'en va.
Quand Taupinet arrive chez lui,
maman Taupe tricote au coin du feu. Elle a l'air fatiguée.
Elle dit :
– Où étais-tu, mon Taupinet ? Je me suis inquiétée !

– Veux-tu manger ? Il reste du potage et du flan au chocolat.
Mais Taupinet ne veut rien de tout ça.
Il veut seulement un gros, un très gros câlin.
Il enfile vite son pyjama
et il vient se blottir sur les genoux de sa maman.
Maman Taupe lui tâte le front
pour voir s'il n'a pas pris froid.
Elle l'embrasse encore et encore.
Elle le berce en lui chantonnant
plein de petits mots doux :
– Mon Taupinet des bois, mon roudoudou à moi.
Taupinet se serre très très fort contre sa maman
et il lui murmure en s'endormant :
– Tu sais, maman,
c'est toi la plus gentille maman du monde !

LA REINE ET LE CERISIER

Écrit par Chantal Crovi et illustré par Henri Galeron

Une reine vit dans ce pays-là.
Trois hommes montent la garde dans la cour de son château.
Un cerisier y pousse. C'est le cerisier de la reine !
La reine adore les cerises.
Elle en croque deux paniers chaque matin.
Hélas, le cerisier n'est chargé de cerises
qu'un seul mois durant toute l'année !
Il n'y a plus de fruits sur ses branches à la fin de l'été.
La reine crie : – Je veux des cerises tout le temps,
même quand ce n'est pas le moment !

La reine selle son cheval. Elle avertit ses gardes :
– Je m'en vais. Je veux trouver le cerisier
qui m'offrira des cerises toute l'année.
A mon retour nous couperons le cerisier de la cour.
Vous pourrez en faire des allumettes.
A sa place, je planterai le nouveau cerisier.
A la porte du château, un mendiant la voit s'éloigner :
– Où courez-vous, ma reine ? Le cerisier que vous cherchez
est à une année de marche. Vous allez vous fatiguer.
La reine n'écoute pas le mendiant. Elle chevauche droit devant.
C'est l'automne dans la plaine. La reine croise un paysan :
– Paysan, je cherche un cerisier. Où vais-je le trouver ?
– Là-bas, répond le paysan.
La reine s'empresse. Mais dans le champ,
les cerisiers sont vides ! Leurs branches sont froides
et leurs feuilles sont jaunies. La reine secoue la tête :
– Ce n'est pas un de ces cerisiers que je planterai.

Puis vient l'hiver. La reine arrive un soir dans un village.
Les lumières brillent dans les maisons.
La reine s'approche d'une fenêtre. A l'intérieur de la pièce, un arbre immense est dressé. Ce n'est pas un cerisier.
Pourtant il est chargé de cerises !
La reine frappe à la porte. Une petite fille vient ouvrir.
La reine lui demande : – Quel est cet arbre tout illuminé ?
La petite fille dit : – C'est un sapin de Noël, avec des cerises en papier que j'ai peintes et vernies toute seule.
Ça fait joli, n'est-ce pas ?
La reine murmure : – Ce ne sont pas des cerises en papier que je veux, ce sont des vraies, qui se mangent.

La reine va voir son cousin Bertrand : – Cousin Bertrand, toi qui as tant de terres, aurais-tu de ces cerisiers chargés de cerises tous les mois de l'année ?
Cousin Bertrand répond : – Cousine reine, nous sommes au printemps ! Mes cerisiers n'ont encore que des fleurs ! Reste avec moi jusqu'à l'été. Quand les cerises seront mûres, nous en mangerons comme des gloutons et nous ferons des confitures.
La reine ne veut pas rester. Elle a chevauché durant presque une année. Elle est fatiguée. Elle est triste. Elle n'a pas trouvé le cerisier qu'elle cherchait. Elle reprend la route de son château.

A son arrivée, le mendiant lui crie :
– Bonjour, ma reine ! L'été est revenu, le temps des cerises aussi.
Et vous voilà de retour ! Avez-vous trouvé ce que vous vouliez ?
La reine n'écoute pas le mendiant. Elle marche droit devant.
Elle pénètre dans la cour. Son cerisier est lourd de cerises !
La reine croque des cerises jusqu'au coucher du soleil !
Puis elle s'endort au pied de l'arbre. Elle chuchote en rêvant :
– Voilà le cerisier que je cherchais !
Pourquoi voulais-je le couper ?

LA RENTRÉE DE MINISOURIS

Écrit par Claire Clément et illustré par Susan Varley

Demain, c'est la rentrée. Maman souris dit à Minisouris :
– Tu es contente, ma souriçonne ?
Demain tu retrouveras tes camarades
et tu t'amuseras toute la journée.
Minisouris dit :
– Je ne suis plus un bébé. Moi, à l'école, je veux travailler.
Maman souris et Minisouris font des courses au supermarché.
Minisouris dit :
– Il me faut des feutres, un cahier, un pot de colle,
une gomme et une ardoise pour aller à l'école.

Maman souris dit :
– Mais non, tu es trop petite. Attends d'être à la grande école.
Le lendemain, Minisouris va à l'école.
La maîtresse lui fait un peu peur. C'est une dame ourse.
Elle s'appelle Madame Je-sais-tout. A la fin de la journée,
elle donne à chaque enfant une feuille de papier. Elle dit :
– Voilà la liste des choses qu'il vous faut pour travailler.
N'oubliez pas de la donner à vos mamans.
Minisouris rentre à la maison tout excitée.
Elle tire la queue de Maman souris :
– Regarde, maman, il me faut tout ça pour travailler !
Maman souris est un peu étonnée :
– Vraiment, il te faut tout ça ?
Minisouris, laisse ma queue tranquille !
Le lendemain, la maîtresse explique :
– Dans cette nouvelle classe, vous allez apprendre
à compter jusqu'à dix, à écrire votre nom,
à mettre des images dans le bon ordre
et à raconter des histoires.
Vous allez apprendre aussi à vous connaître.
Minisouris rentre à la maison tout excitée.
Elle tire sur la queue de Maman souris :
– Maman, à l'école, je vais apprendre à compter, à lire,
à écrire et à me connaître.
Maman souris dit :
– Mais non, tu es bien trop petite, Minisouris.
Et laisse ma queue tranquille !
Le lendemain, la maîtresse colle une feuille de papier
sur la porte de la classe. Dessus, il y a écrit :
« Les parents sont invités à venir me voir demain.
Ils sauront tout sur le travail que fera leur enfant à l'école. »
Minisouris rentre à la maison tout excitée.
Elle tire sur la queue de Maman souris :
– Tu iras voir la maîtresse, hein ?
Elle va t'expliquer tout ce qu'on va faire !

1 2 3 4

Maman souris répond :
– Mais je sais ce que tu fais. Tu joues à la poupée,
tu manges des gâteaux et tu t'amuses toute la journée.
Minisouris, s'il te plaît, laisse ma queue tranquille !
Le lendemain, Maman souris va à l'école
pour voir la maîtresse. Minisouris l'attend.
Quand maman revient, Minisouris se jette sur elle,
tout excitée :
– Alors, qu'est-ce qu'elle a dit, la maîtresse ?
Maman souris répond :
– La maîtresse m'a tout expliqué.
C'est vrai, tu n'es plus un bébé ! Tu vas vraiment travailler.
Mais saperlipopette de souricette,
laisse ma queue tranquille, Minisouris !
Mais Minisouris a envie de jouer,
Minisouris a envie d'embrasser,
Minisouris a envie d'être câlinée.
Maman souris connaît sa souriçonne.
C'est une grande, qui va à l'école pour travailler.
Mais à la maison, Minisouris reste encore un peu
son petit bébé !

LA FÉE DU SOMMIER

Écrit par Odile Hellmann-Hurpoil
et illustré par Bob Graham

Pierrick a une toute petite sœur qui s'appelle Fleur.
Elle crie beaucoup, surtout le soir, quand on la couche.
Il faut que papa et maman la bercent un long moment
pour qu'elle se calme. Et souvent elle se remet à hurler
dès qu'on la pose dans son berceau.
Alors il faut la rebercer, la recajoler. Après cela,
papa et maman sont fatigués, énervés, exténués.
Ils n'ont plus le temps de jouer avec Pierrick
et de lui raconter une histoire.
Ils ont à peine la force de lui faire un petit bisou
avant qu'il ne s'endorme.
Mais Pierrick s'en moque,
parce qu'il a un secret :
dans le sommier de son lit à barreaux,
habite une petite fée.
Une fée qui pousse de légers soupirs
quand il remue ses doigts de pieds
et qui s'éveille lorsqu'il s'endort.
Pierrick l'appelle la fée du sommier.
La nuit, quand il fait noir partout,
c'est elle qui empêche le grand loup rouge
d'entrer dans la chambre de Pierrick
et de le dévorer tout vivant.
C'est elle qui emmène Pierrick
dans un pays doux où il est si bien
que papa doit l'appeler au moins dix fois
pour l'en faire revenir le matin.

Et voilà qu'un matin, au petit déjeuner,
maman dit à Pierrick : – Dépêche-toi
de boire ton chocolat, papa t'emmène
choisir un nouveau lit, un lit de grand.
Pierrick sent son cœur frapper très fort. Il crie :
– Je ne veux pas d'un grand lit. Mon petit lit me va très bien.
Mais sa maman lui explique que le berceau de Fleur est trop petit.
Alors on va lui donner le lit à barreaux de Pierrick.
Pierrick sent une grosse colère qui monte en lui.
Il renverse son chocolat.
Il crie que ses parents n'aiment que Fleur,
que si la fée du sommier n'était pas venue habiter dans son lit,
il serait très, très malheureux
et que Fleur n'a pas le droit de lui prendre son lit !
Et puis Pierrick dit encore plein de gros vilains mots
parce que ça fait du bien quand on a trop de chagrin.
Papa et maman se regardent sans rien dire.
Fleur s'est réveillée à cause des cris
et elle gigote de toutes ses forces dans son berceau trop petit.
Alors, papa la prend dans ses bras et il dit : – Demoiselle Fleur,
il serait peut-être temps de vous acheter un vrai lit ?
Demoiselle Fleur trouve sûrement que c'est une bonne idée,
car elle rit aux éclats. Papa et maman ont acheté pour Fleur
un grand lit à barreaux, presque le même que celui de Pierrick.
Pierrick est un peu inquiet. Il demande :
– Et si la fée du sommier s'en allait dans le lit de Fleur ?
Sa maman le rassure : – Tu sais, la fée du sommier t'aime trop !
Elle ne veut sûrement pas changer.
Le soir, dans son lit, Pierrick ferme les yeux et il dit tout bas :
– Fée du sommier, est-ce que ma petite sœur
n'a pas un peu peur dans son nouveau lit ?
Et il entend la fée du sommier rire doucement dans le noir.
Il écoute encore. Fleur remue dans son lit.
Alors Pierrick entend un tout petit bruit qu'il connaît bien :
une petite fée, toute semblable à la fée du sommier,
habite dans le lit de Fleur !

CHIEN ROSE

Écrit par Geneviève Plateau et illustré par Serge Bloch

Il était une fois un chien tout rose.
Le rose est une belle couleur, bien sûr, mais pas pour un chien.
Son papa et sa maman n'y comprenaient rien.
Eux, ils étaient noirs
et leurs autres petits chiens étaient noirs aussi.
Chien Rose leur ressemblait.
Il avait les mêmes oreilles pointues,
le même museau, la même queue.
Seulement voilà, il n'était pas couvert de poils noirs,
mais d'une sorte de duvet très doux d'un rose vif.
C'était bien étrange.
Et le petit chien était malheureux
de n'être pas comme ses frères, ses cousins et ses amis.
Un jour, Chien Rose descend à la cave.
Il aperçoit un gros tas de charbon, il se dit :
– Je vais me rouler dedans et je serai noir comme les autres.
Et hop, voilà Chien Rose, les pattes en l'air
dans la poussière du charbon. Il en ressort tout noir et tout fier.

En trottinant joyeusement, il va jouer avec ses amis
et personne ne le reconnaît. Mais, tout à coup, catastrophe !
La pluie se met à tomber très fort !
Chien Rose est tout mouillé.
Et très vite, il redevient un chien rose comme avant,
mais tout sale !
Ses amis sont très étonnés.
– Pourquoi as-tu fait ça ?
Chien Rose répond en reniflant :
– C'était pour vous ressembler.
Alors, ses amis lui disent :
– Mais nous t'aimons comme ça, Chien Rose.
C'est toi le plus drôle et le plus gentil,
et puis c'est toi qui cours le plus vite !
Mais Chien Rose est toujours aussi triste.
Un soir, il va voir sa maman :
– Maman, qu'est-ce qu'il faut faire pour devenir un chien noir ?
Sa maman sourit :
– Mais, mon chéri, pourquoi donc veux-tu devenir noir ?
Moi, je t'aime comme tu es.
– Mais moi, je n'aime pas être rose, maman.
Le rose, c'est bon pour les radis, et moi, je suis un chien.
Sa maman ne sait pas quoi répondre.
Elle sait bien que son Chien Rose est malheureux.
Mais que faire ?

Un jour, un petit cirque passe dans le village
où habite Chien Rose.
Quand le directeur du cirque l'aperçoit, il se dit :
« Voilà un chien extraordinaire !
Il pourrait remplacer le petit singe
qui est malade depuis deux jours. »
Et c'est ainsi que Chien Rose commence une nouvelle vie.

C'est difficile de jongler debout sur ses pattes arrière !
Chien Rose fait très sérieusement son travail
et les spectateurs viennent de loin
pour applaudir ce chien extraordinaire.
Chien Rose voyage longtemps avec le petit cirque.
Puis un jour, il revient dans son village.
Il est devenu célèbre ; on fait une grande fête pour son retour.
Chien Rose est toujours aussi drôle et aussi gentil.
Mais il regrette toujours autant de ne pas être noir.

Un matin, près d'un arbre, il entend un petit gémissement.
Il s'approche et il voit une jolie petite chienne blanche
qui est tombée dans un trou.
Elle a mal à la patte. Chien Rose l'aide à se relever.
La petite chienne, qui s'appelle Mitsou,
le regarde avec ses beaux yeux marron.
Et tout de suite, Chien Rose se met à l'aimer.
Il soigne Mitsou et il se sent beaucoup plus joyeux.
Peu à peu, il oublie sa couleur rose
et il pense que si Mitsou l'aime aussi,
il va être le plus heureux des chiens !
Mitsou guérit vite.
Et elle aime tant Chien Rose qu'elle ne veut plus le quitter.
Alors, Mitsou et Chien Rose se marient
et ils sont très heureux
quand leurs premiers petits chiots naissent.
Avec Mitsou, Chien Rose prend bien soin de ses chiots
qui ne sont pas roses du tout, mais blancs et noirs.
Chien Rose, lui, reste rose toute sa vie.
Mais puisque Mitsou,
ses chiots et tous ses amis l'aiment comme ça,
Chien Rose est quand même un chien heureux.

LE POUSSIN QUI NE VOULAIT PAS DORMIR

Écrit par Jean-Jacques Vacher et illustré par Volker Theinhardt

Monsieur et madame Poupoule ont bien des ennuis :
Petit Poussin ne veut pas dormir !
Le soir, lorsque le coq a chanté,
toutes les poules rentrent dans le poulailler.
Mais Petit Poussin n'a jamais sommeil, il reste dehors
et il picore les grains de blé que les poules ont laissés.
Madame Poupoule a tout essayé :
elle raconte à Petit Poussin des histoires à dormir debout,
elle lui donne des tisanes de serpolet,
elle l'enferme dans le poulailler,
mais Petit Poussin ne veut pas dormir.
Il trouve toujours un petit trou pour s'évader
et il va regarder le soleil se coucher.

Monsieur Poupoule est pourtant très sévère.
Il donne des coups de bec à Petit Poussin et il crie :
– Petit Poussin, si tu veux devenir un grand coq, il faut dormir !
Si tu ne vas pas te coucher tout de suite,
tu seras privé de maïs demain !
Petit Poussin n'écoute personne.
Il aime se promener quand la nuit tombe
et que toutes les poules dorment à poings fermés.
Un jour, monsieur et madame Poupoule décident
d'emmener Petit Poussin chez le grand docteur Ducoq.
Le docteur examine Petit Poussin sous les ailes,
sous les plumes, sous les pattes, dans les yeux, et il déclare :
– Madame, monsieur, votre enfant a besoin d'exercice !
Faites-lui faire du sport et tout va s'arranger.
Alors, monsieur Poupoule fait courir Petit Poussin
toute la journée. Madame Poupoule inscrit son fils
à l'école de gymnastique des poussins.
Petit Poussin devient très fort, mais le soir,
il ne dort toujours pas.
Monsieur et madame Poupoule sont désespérés.
Ils vont voir la grande sorcière de la basse-cour,
madame Pintade.
Elle s'enferme dans une caisse de bois avec Petit Poussin.

Quand elle ressort de la caisse, elle dit :
– Monsieur et madame Poupoule,
je sais pourquoi votre enfant ne dort pas :
il a peur de finir sa vie, tout cuit et bien doré,
dans la casserole du fermier. Je pense que vous devriez
le laisser courir la nuit, il veut profiter de sa vie.
Alors, monsieur et madame Poupoule
écoutent les conseils de la sorcière. Tous les soirs,
le coq chante, les poules rentrent dans le poulailler
et Petit Poussin reste dehors. Il regarde les étoiles,
il écoute le chant des grillons. Ses parents ne l'obligent plus
à se coucher comme les poules.
Le temps passe. Petit Poussin grandit, toujours heureux
de rester debout quand toutes les poules sont couchées.
Une nuit, en se promenant, il découvre un passage
sous le grillage de la basse-cour. Il se faufile doucement,
le voilà libre ! Il s'en va dans la campagne
et depuis cette nuit, plus une poule ne l'a revu.
Quelquefois la nuit on entend un grand COCORICO... !
C'est Petit Poussin qui est devenu coq
et qui ne dort toujours pas la nuit. Il sera peut-être
croqué par un renard ou dévoré par un loup.
En tout cas, il ne rôtira pas dans la casserole du fermier !

LES VACANCES

Écrit par Monique Muller et illustré par Irène Stegmann

Pas de chance ! Quand Rémi essaie de faire la planche,
bien droit sur le dos, dans l'eau de la piscine,
il n'y arrive pas bien, enfin pas très bien. Alors on lui dit :
– Mais regarde donc ton frère. Il y arrive, lui.
C'est facile, fais comme lui !
Quand Rémi n'aime pas manger
ce qui est dans son assiette
et qu'il met des heures à mâchouiller sans avaler,
là encore, pas de chance !
C'est encore plus difficile quand il entend répéter :
– Regarde l'assiette de ta sœur. Elle en a repris
et elle a déjà tout fini. Elle au moins, elle a de l'appétit !

Quelquefois Rémi ne sait pas quoi faire
et il traîne dans la maison. Alors on lui dit :
– Mais regarde les petits voisins qui s'amusent si bien.
On ne les entend jamais ronchonner,
on ne les voit jamais s'ennuyer.
Tu n'as qu'à inventer des jeux comme eux !
Mais pendant les vacances, là, Rémi a vraiment de la chance !
Quand il est chez grand-mère, au bord de la mer, elle lui dit :
– Tu peux aller te baigner, mon chéri, mais sois prudent.
Je ne sais pas bien nager. Moi, je suis plutôt une grand-mère
de la terre et des fleurs,
l'eau me fait un peu peur.

A table, chez grand-mère, ça le fait bien rire, Rémi,
de la voir servir aux autres de grosses assiettes bien pleines
en disant :
– Ça, c'est pour les ogres !
Ensuite, quand grand-mère se sert et qu'elle sert aussi Rémi,
juste un petit peu, elle chantonne :
– Nous deux, nous avons des estomacs d'oiseaux,
un tout petit rien nous suffit…
Quelquefois aussi, chez grand-mère,
Rémi s'ennuie un peu et il ne fait rien.
Mais grand-mère continue à faire son travail,
ou à lire, ou à tricoter, et quand Rémi passe près d'elle,
elle lui envoie un petit sourire
ou un petit baiser qu'elle fait voler. Et dès que Rémi le reçoit,
ça lui donne, il ne sait pas pourquoi,
des tas d'idées pour s'amuser.
Des vacances comme ça, quelle chance !
Alors souvent, souvent, Rémi y pense.

RONGECROC

Écrit par Bénédicte Laferté et illustré par Susan Varley

Rongecroc, le petit castor,
court à toutes pattes entre les herbes
pour aller retrouver ses amis.
Il s'assied sur son derrière au bord de l'étang et il se dit :
– Moi, je suis un castor sportif, je vais sauter avec la grenouille !
Glop la grenouille fait des bonds, là-bas,
de nénuphar en nénuphar.
Rongecroc plonge et il grimpe sur un nénuphar,
mais glou, glou, glou, la jolie feuille s'enfonce.
Glop la grenouille se met à rire :
– Un petit castor, c'est bien trop lourd
pour jouer à saute-nénuphar !

Rongecroc sort de l'eau, il s'assied sur son derrière et il se dit :
– Moi, je suis un castor courageux.
Je vais rouler-bouler avec le hérisson.
Picou le hérisson s'amuse à dévaler le talus comme une boule.
Il fait trente-deux galipettes sans s'arrêter.
Pour rouler comme Picou, Rongecroc rentre sa tête,
mais boum, il s'emmêle les pattes. Il dégringole et paf,
il reçoit sa grosse queue sur la tête !
Picou le hérisson le console :
– Un petit castor ne fait pas de galipettes.
Si tu continues, foi de Picou, tu vas te casser le cou !

Rongecroc saute sur ses pattes et il se dit :
– Bla bla de tristounet, moi, je suis un castor joyeux.
Je vais siffler avec le pinson !
Il respire fort, il gonfle sa poitrine
et il souffle de toutes ses forces.
Mais il fait seulement : « Pfeu, pfeu »
entre ses grosses dents de devant.
Tirlouit le pinson lui dit gentiment :
– Un castor, ça ne peut pas siffler !
Alors Rongecroc s'en va. Il en a assez. Il ne peut pas jouer
à saute-nénuphar avec Glop la grenouille,
il ne peut pas faire de galipettes avec Picou le hérisson,
il ne peut pas siffler avec Tirlouit le pinson.
Il ne peut pas non plus grimper aux arbres
avec Cracnoisette l'écureuil. Il pense :
– Puisque je ne peux pas jouer avec mes amis,
je vais être un castor grognon, voilà !

Alors son papa lui dit de sa grosse voix :
– Un castor grognon ne fait rien de bon.
Mais un castor malin invente un jeu pour ses copains !
Rongecroc ne comprend pas très bien. Il se gratte la tête.
Il regarde ses parents.
Son papa ronge un tronc d'arbre avec ses grandes dents,
sa maman nage vite dans l'étang avec sa grande queue.
Soudain Rongecroc s'écrie :
– J'ai trouvé !
Il saute sur ses pattes, il court au bord de l'étang,
il choisit un arbre, un bien gros, un bien long, il ronge le tronc.
C'est dur. Mais deux grandes dents de castor,
c'est fait exprès pour couper les arbres !
Quand l'arbre est tombé, Rongecroc le pousse dans l'eau
et il crie à tue-tête :
– Venez, mes amis, venez jouer sur mon bateau !
Glop saute de son nénuphar, Picou dévale son talus,
Cracnoisette dégringole des branches,
Tirlouit vient se percher à l'avant.
Le tronc d'arbre est lourd maintenant.
Mais une grosse queue de castor,
c'est comme une rame pour faire avancer les bateaux !
Rongecroc est content. Il se dit :
– Je vais aller loin, avec mes amis.
Car moi, je suis un castor infatigable !

LE PETIT BOSSU

Écrit par Odile Hellmann-Hurpoil et illustré par Carmé Solé-Vendrell

Dans la grande rue du village de Chanteloup
habite un petit bossu. Il s'appelle Émile.
Les gens du village sont très gentils avec lui.
Quand Émile va tirer de l'eau à la fontaine,
il y a toujours une brave femme
qui lui prend ses seaux des mains en lui disant :
– Laisse-moi porter tes seaux, petit bossu,
ils sont bien trop lourds pour toi !
Quand Émile grimpe sur le toit de sa maison
pour remettre en place les ardoises
que la tempête a arrachées,
il y a toujours un brave gars qui l'aperçoit
et qui l'interpelle : – Veux-tu bien descendre de là,
petit bossu ! Tu vas te rompre les os !
Je vais y aller, moi, je ne crains rien !

Quand Émile ramasse du bois mort dans la forêt,
il y a toujours une brave petite vieille,
assise à côté d'un beau fagot, qui lui crie :
– Hep, petit bossu ! Arrête de te baisser comme cela,
c'est mauvais pour toi ! Prends mon fagot, je te le donne !
Émile dit merci, encore et encore.
Merci à la fermière qui lui prépare son repas.
Merci à l'épicière qui lui envoie du tabac et du café.
Merci à la fille de la laitière
qui lui apporte de la crème et des fromages.
Et puis, un jour, Émile ne dit plus merci.
Ni quand la voisine lui fait son ménage,
ni quand la boulangère lui cuit de bonnes galettes.
Émile devient mélancolique. Il reste couché toute la journée.
Les gens du village sont bien ennuyés.
Ils se répètent qu'ils font pourtant
tout ce qu'ils peuvent
pour que le petit bossu
soit heureux.

Mais voici que le jeune René, qui gardait les vaches et les oies,
les moutons et les chèvres des villageois,
se marie avec la meunière du pays voisin.
Maintenant, qui va garder les vaches,
et les moutons et les chèvres et les oies ?
Personne ne peut remplacer le berger.
Au village, chacun est bien trop occupé !
Alors, la voisine d'Émile a une idée :
et si on demandait au petit bossu !
Elle va frapper à la porte d'Émile :
– Petit bossu, on a besoin de toi !
Tu nous rendrais un très grand service
si tu acceptais de garder nos vaches et nos oies,
nos chèvres et nos moutons !
Émile quitte son lit. Il s'habille.
Il mange les galettes de la boulangère,
il boit le café de l'épicière avec un peu de crème de la laitière.
Puis, il mène son troupeau le long des chemins,
jusque dans les collines, où l'herbe est si tendre et l'air si pur.
Le soir, Emile rentre au village.
Quelquefois, il est bien fatigué. Alors, il est tout content
de trouver une bonne omelette
et de voir que le feu est allumé dans la cheminée !

LE RÉVEILLE-MATIN

Écrit par Geneviève Noël et illustré par Roser Capdevila

Tous les matins, Denis a faim.
Et tous les matins, il trouve une cuisine vide.
Pas de chocolat qui fume, pas de tartine de miel, pas de jus d'orange ! Alors Denis se dit :
– Papa et maman dorment encore, je vais faire le réveille-matin.
Et il entre dans la chambre en chantant :
– Dring, dring, c'est l'heure, dring, dring, j'ai faim, dring, vous allez être en retard !

Papa sursaute, maman gémit : – Je viens, arrête de sonner.
Elle cherche ses pantoufles, elle bâille.
Mais quand maman est réveillée,
elle fait de délicieux petits déjeuners. Le dimanche,
la vie se complique. Papa et maman refusent de se lever.
Ils sont fatigués, fatigués, fatigués. Maman attend un bébé,
et papa travaille toute la semaine. Ils mettent une pancarte
sur leur porte : « Entrée interdite avant dix heures du matin. »
Mais Denis a faim aussi le dimanche matin.
Hélas, papa et maman ne veulent pas
que Denis fasse son petit déjeuner tout seul !
Ils disent que les allumettes brûlent, que le lait peut se renverser,
que le pot de confiture peut se casser,
que le grille-pain peut trop griller,
que Denis peut attendre dix heures, le dimanche, pour déjeuner.
Denis réfléchit. Il pourrait acheter un réveille-matin
pour l'anniversaire de son père. Il demanderait à l'horloger :
– Je voudrais un réveille-matin qui sonne très fort.
Et le marchand lui vendrait un réveil capable de réveiller
tout un immeuble, toute une rue, toute une ville.
Mais le bruit rendrait papa furieux.
Il attraperait le réveille-matin, il le jetterait par terre.
Le réveil sonnerait, sonnerait, sonnerait.
Il réveillerait l'immeuble, la rue, la ville,
il réveillerait tout le monde. Papa, maman et Denis
seraient obligés de jeter le réveil très très loin dans la campagne
et de l'enterrer pour ne pas effrayer les vaches.
Non, ce n'est pas une bonne idée d'acheter un réveille-matin !
Denis ne sait plus quoi faire.

Mais il arrive une chose que Denis attend depuis longtemps.
Maman part à la maternité et elle revient avec une petite sœur.
Et cette petite sœur est terrible. Quand elle a faim, elle crie.
Et quand elle crie, impossible de rester au lit !
Elle fait plus de bruit qu'un réveille-matin.
Alors maintenant le matin, papa se lève d'un bond
et il berce la petite sœur. Maman saute dans ses pantoufles
et elle court faire le biberon. Denis en profite.
Il prépare le petit déjeuner sous la surveillance de maman.
La petite sœur a beaucoup d'appétit. Elle aspire, elle dévore,
elle engloutit son lait en une minute.
Denis la prend dans ses bras
pour lui faire faire son rot et il lui dit :
– Toi et moi, on est faits pour s'entendre.
Dépêche-toi de grandir, et alors
tu verras les bons petits déjeuners
qu'on se fera le matin tous les deux !

NE T'EN FAIS PAS, PAULO

Écrit par Anne-Marie Chapouton et illustré par Frédéric Stehr

Il pleut, il pleut depuis des heures et des heures.
Le jardin des loirs est inondé.
Bientôt l'eau va entrer dans la maison. Paulo, le petit loir, crie :
– Fais quelque chose, maman, sinon on sera perdus sur une île !
Maman loir dit :
– Saute dans ma corbeille à linge et ne t'en fais pas, Paulo, nous ramerons jusqu'au rivage !
Maman loir et son petit sautent dans la corbeille et ils se mettent à ramer avec leurs pattes.
Mais bientôt, l'eau entre dans le bateau.
Paulo et sa maman tombent à l'eau. Paulo crie :
– On va se noyer ! Fais quelque chose, maman !
Maman dit : – Tais-toi et nage lentement.
Tout va s'arranger, j'en suis sûre.
Le courant les entraîne et bientôt, ils approchent d'un pommier tout seul au milieu de l'eau.
Maman loir crie : – Accroche-toi et dépêche-toi de grimper !

Les voilà en haut de l'arbre. Mais Paulo gémit :
– J'ai faim. Fais quelque chose, maman !
Je ne peux pas rester sans manger dans cet arbre idiot !
Maman loir dit :
– Allons, Paulo, tu ne vois pas les pommes dans l'arbre ?
Tu n'as qu'à cueillir et manger !
Paulo n'a plus faim. Mais la nuit tombe et il se met à crier :
– Et où je vais dormir, moi ? Je n'ai pas d'oreiller,
pas de matelas, pas de couverture, pas de draps.
Fais quelque chose, maman !
Maman dit :
– Ne t'en fais pas, Paulo. On viendra bien à notre secours.
Quelqu'un arrive, c'est vrai. Mais, malheur,
c'est un hibou qui les attrape entre ses griffes !
Le hibou vole au-dessus de l'eau jusqu'à son arbre sur la colline.
Il dépose Paulo et sa maman dans son nid en disant à ses petits :
– Des petits loirs pour le dessert, régalez-vous, mes bébés chéris !
Paulo crie : – Au secours ! Fais quelque chose, maman !
Alors maman loir crie : – Sauve-toi, Paulo !
Paulo et sa maman dégringolent de l'arbre,
ils dévalent la colline au galop
et ils vont se cacher dans un buisson.
Pendant la nuit, la pluie s'arrête de tomber
et l'eau commence à baisser. Au matin, Paulo s'écrie :
– Maman, regarde, c'est notre maison, tout là-bas,
au milieu de la grande mare de boue.
On peut y aller à pied, maintenant !
Ils pataugent longtemps, flic, flac, flic, flac,
dans la boue qui colle, et ils arrivent enfin
à la porte de leur maison.

Quand maman loir voit la boue dans son salon,
la boue dans sa cuisine, la boue dans les chambres,
elle s'assied dans l'escalier et elle se met à pleurer :
– Oh, ma pauvre maison, jamais je ne pourrai la nettoyer !
Alors Paulo dit : – Ne t'en fais pas, maman !
Il prend le balai et un seau et il se met à gratter,
à rincer, à brosser. Puis il rit en disant :
– On viendra bien nous aider, j'en suis sûr !
Et juste à cet instant, le soleil sort des nuages
en brillant de toutes ses forces.
Et petit à petit, tout se met à sécher.

LA PAYSANNE ET LA SORCIÈRE

Écrit par Chantal de Marolles et illustré par Ulises Wensell

Un jour, la paysanne dit : – Mes enfants, je dois partir quelques jours pour aller vendre notre lin. J'ai mis dans votre armoire des vêtements propres et des provisions. Soyez bien sages et bien mignons, je reviendrai bientôt. Elle s'enveloppe dans son grand châle, elle embrasse ses enfants et elle s'en va. Mais la sorcière l'a vue partir.
Elle ricane : – Enfin, la voilà partie !
Depuis le temps que j'attends ça !
Je vais m'installer dans sa maison :
j'aurai son joli mari,
je vais tout commander à sa place
et surtout m'occuper de ses enfants,
qui sont très mal élevés
et beaucoup trop gâtés.
La sorcière dit au paysan :
– Ta femme m'a demandé
de m'occuper de vous tous
pendant son absence, alors, me voilà !
Le paysan remercie beaucoup,
il est très content, car la sorcière
lui donne de bonnes saucisses à manger
et des chemises de fil à porter.
Mais pour les enfants, c'est différent :
la sorcière a touché l'armoire
avec son balai magique.
Les gâteaux sont devenus des haricots
et les vêtements des serpillières.

Tous les jours, la sorcière surveille le chemin,
aussi est-elle la première à voir revenir la paysanne.
Vite, elle se cache derrière la porte et quand la paysanne rentre,
elle la touche avec son balai magique
et elle la change en abeille dorée.
La pauvre abeille bourdonne dans toute la maison,
elle veut embrasser son mari et ses enfants,
mais ils ne la reconnaissent pas et ils la chassent de la main.
La petite abeille pleure, mais qui peut voir pleurer une abeille ?
Elle se dit :
– Au moins, j'espère que mes enfants n'ont pas faim !
Elle entre dans l'armoire par le trou de la serrure
et quand elle voit qu'il n'y a plus rien, elle dit :
– Je ne peux pas grand-chose, mais ce que je peux,
je vais le faire.
Et toute la nuit, elle fabrique de délicieux gâteaux de miel.
Ses enfants sont bien heureux de les trouver au matin ;
ils se disent tout bas : – C'est drôlement bon
et ça a le même goût que les gâteaux de notre maman,
peut-être que ça veut dire qu'elle va enfin rentrer ?
Mais quand la sorcière voit les miettes, elle se met en colère
et pendant que l'abeille dort, elle la touche de son balai magique
et elle la change en souris grise.
La pauvre paysanne est bien triste
de ne plus pouvoir faire des gâteaux de miel à ses enfants
et elle pleure.
Mais qui peut voir pleurer une petite souris ?

Alors elle dit : – Je ne peux pas grand-chose,
mais ce que je peux, je vais le faire.
Elle entre dans l'armoire par un petit trou qu'elle a fait
et toute la nuit, elle coud à petits points les serpillières,
pour en faire des vêtements. Ses enfants sont bien heureux
de les enfiler au matin. Ils se disent tout bas : – C'est drôle,
il y a nos noms brodés dessus comme notre maman faisait !
Peut-être qu'elle est rentrée ? Peut-être qu'elle s'est cachée
parce qu'elle a peur, comme nous, de cette méchante femme
qui s'est installée chez nous ?
Mais quand la sorcière voit les vêtements, elle est très en colère,
et elle change la souris en pie, elle l'enferme dans une cage
et elle suspend la cage à la clé de l'armoire.
La petite pie pleure, mais qui peut voir pleurer une pie ?
Alors, elle dit : – Je ne peux pas grand-chose,
mais ce que je peux, je vais le faire.
Et quand le soir est venu, elle se met à chanter doucement
pour bercer ses enfants. Les enfants reconnaissent les chansons !
Ils se précipitent vers l'armoire, ils regardent la pie
et ils disent tout bas : – C'est drôle,
elle chante comme notre maman. C'est peut-être notre maman ?
Ouvrons-lui la cage, on verra bien !
Aussitôt la pie s'envole. Elle se pose sur le balai magique,
et aussitôt elle redevient la maman qu'elle était avant.
Les enfants crient de joie et ils rient si fort
qu'ils réveillent le paysan.
Lui aussi est bien content de retrouver sa femme
et quand elle leur a tout raconté,
il prend le balai de la sorcière
et il le jette dans le feu où il se met à brûler.
La sorcière est réveillée par l'odeur.
Elle voit la paysanne et elle devient folle de rage !
Elle grimpe à toute vitesse sur le toit,
elle s'assied à cheval sur la fumée du balai
et elle disparaît si loin, si loin,
qu'on ne l'a plus jamais revue.